LA MAESTRA DE YOGA

ESTELA PUYUELO

GEORGES WARD • MARISA ROYO • JOSEMA CARRASCO

Colección Olifante Moncayo
Fundada y dirigida desde 2018 por Trinidad Ruiz Marcellán

*Edición conmemorativa del XLV Aniversario
de la creación de OLIFANTE. Ediciones de Poesía*

La maestra de yoga
Estela Puyuelo

Este libro ha sido publicado con la ayuda del Departamento de Presidencia,
Interior y Cultura del Gobierno de Aragón

Editado por OLIFANTE. EDICIONES DE POESÍA
Colección OLIFANTE MONCAYO
Diseño de la colección: Ricardo Calero

Textos y poemas: Estela Puyuelo
Ilustraciones de © Georges Ward y © Marisa Royo gentilmente cedidas para esta edición.
Ilustraciones y diseño gráfico: © Josema Carrasco

Reservados todos los derechos
I.S.B.N.: 978-84-128991-2-2
Depósito Legal: Z 1826-2024

Impreso en España por
COMETA, S.A. Carretera de Castellón, km 3,400. 50013 Zaragoza
Printed in spain

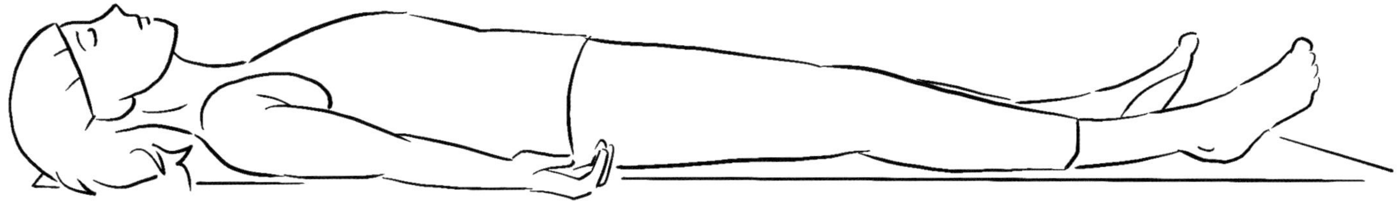

STHIRASUKHAMĀSANAM

(Que la postura [Āsana] [sea] firme y estable)
PATAÑJALI, YOGASŪTRA,
LIBRO II O "SĀDHANAPĀDA", SUTRA 46

Lo difícil no es el camino, el camino es lo difícil.
NIL HAHOUTOFF

No hay que amar lo que se desea, sino desear lo que se ama.
NIL HAHOUTOFF

La inteligencia se desarrolla, la conciencia se expande.
NIL HAHOUTOFF

Prólogo

Conchita Morera

Formadora de profesores de yoga de AEPY, Experto Universitario en Lenguas de India e Irán y Graduada en Teología.

Cuando mi querida alumna y amiga Estela me propuso escribir el prólogo de su libro-poemario sobre yoga, acepté inmediatamente. Sabía que no era cualquier cosa, sino la obra de una entusiasta y especial mujer, que un día la vida puso en mi camino para hacer su formación en yoga. He tenido la inmensa suerte de poder aunar, en mi larga vida profesional, trabajo, vocación, misión y trans-misión, siendo el yoga la herramienta mediadora para encontrarme con todo tipo de personas, unas más afines, otras menos, pero donde he podido aprender de todas ellas. Con Estela, como no podía ser de otra manera, la conexión surgió enseguida. Su sensibilidad, ampliamente manifestada en sus escritos, su ternura y esa expresión "cuasi" infantil, donde todavía permanece esa luz primigenia que solo los inocentes mantienen, crean un orden en su ser que se ve llevado, como una mano que lo impulsa sin apenas rozarle, hacia el conocimiento más hondo de las cosas. Y ese es el misterio de su tremendo interés por el "saber".

Este libro que tienes en tus manos, querido lector, es mucho más de lo que crees. Es un trocito de inspiración creadora donde la autora está dispuesta a situarse en un estado de apertura propio de las personas profundas, amantes de la vida, que no tienen inconveniente en que el lector sea quien las escrute y las observe. Tal inspiración, que surge de una cualidad del ser muy diferente al estado habitual, puesto que nace del corazón, se expresa claramente en sus poemas. Permite apreciar la naturaleza de aquel que tiene la fortuna de convertirse en un "ser de máximos", aportando al mundo belleza, equilibrio, armonía y, sobre todo, algo tan necesario en este momento como es la paz interior.

Si tuviera que definir la obra general de Estela y a ella misma, utilizaría, sin dudarlo, patrones platónicos: "Belleza que conduce a la armonía y se convierte en el amor que impregna todas las cosas de este mundo y que solo alcanza a los espíritus que están preparados para recibirlo". Aquí es donde reside la clave del poder sanador de sus escritos y sus poemas. Todo mi cariño y mi reconocimiento para ti, Estela (lat. *stella* = estrella), un nombre que hace justicia a tu cualidad de "brillar" en el firmamento de los poetas.

Introducción

En octubre de 2015, tras diez días consecutivos de persistente fiebre, pasé una noche en blanco. Es posible que me encontrara delirando, pero me levanté en mitad de la noche con la idea obsesiva de que quería ser profesora de yoga y me puse a buscar en las páginas de Internet escuelas que pudieran darme esa formación con la firme convicción de que iba a comenzar un nuevo camino de vida.

En aquel momento, llevaba dos años acudiendo a clases de yoga de manera regular y ya notaba sus numerosos beneficios: me sentía con más vitalidad, me había dejado de doler la espalda, había aumentado la flexibilidad y la tonicidad muscular y, en general, había adquirido una mayor conciencia de mí misma, no solo a nivel mental. Era como si hubiera descubierto que tenía más cuerpo del que creía: abdominales, dedo pequeño del pie, entrecejo, pantorrillas, antebrazos, omóplatos… Aunque el mayor hallazgo fue mi propia respiración, el estado al que me conducía en la meditación, la calma que me proporcionaba en la vida diaria.

Pero lo cierto es que no sabía qué hacía, exactamente, cuando practicaba yoga: el nombre de las posturas, cómo se realizaban con precisión, qué partes del cuerpo intervenían en cada movimiento, qué efectos tenían sobre mí, por qué seguían un orden determinado o de dónde provenían todas aquellas técnicas. Y, además, era incapaz de repetir la sesión en casa porque, como no comprendía el sentido de las asanas, me costaba mucho esfuerzo memorizarlas. Así que, aquella noche de calentura, sentí el intenso deseo de conocer en profundidad esta disciplina y, en un mes, estaba comenzando la Formación para profesores de yoga, en la Escuela Conchita Morera de Zaragoza, que iba a prolongarse durante cuatro años. Desde entonces, fui capaz de practicar yoga de forma autónoma y pude interiorizar las posturas, estudiarlas en mi cuerpo e imprimirles mi ritmo personal.

También descubrí algo inesperado y maravilloso. Y es que esta disciplina, junto con la meditación, tiene mucho que ver con la poesía. Y no solo en la parte más filosófica, la que trata de dar respuestas a las grandes preguntas sobre la existencia humana, sino en su dimensión más mística y creativa: el momento de la inspiración, un estado de gracia, de trance, de conexión plena con el Universo, de ampliación de la consciencia, de plenitud existencial.

De la unión entre yoga y poesía ha nacido este libro donde se funden, en amoroso abrazo, una sesión de yoga y un poemario. Así, el lector podrá acceder a los poemas dedicados a cada asana dejándose invadir por las sensaciones que evocan las metáforas, el ritmo de los versos o el sonido de las palabras para ser inducido a un estado semejante al que se adquiere tras realizar la sesión de forma física, para la que, además, se ofrecen instrucciones de ejecución.

A este trabajo se han sumado las mágicas pinturas e ilustraciones de Georges Ward y Marisa Royo (cuya contemplación prepara para la meditación profunda y el recogimiento interior, produce la apertura del corazón y acaricia los sentidos) y el inmenso trabajo artístico de Josema Carrasco, imprescindible para identificar las posturas de un solo golpe de vista, quien, además, ha dado una nueva dimensión a los poemas mediante la narración secuencial, como si cobraran vida, y ha realizado el bellísimo diseño gráfico de la obra.

La estructura que sigue el poemario es la habitual en una sesión de yoga y queda enmarcada por las hipnóticas y conmovedoras pinturas de Georges Ward. Tras una relajación inicial, se realizan la preparación pulmonar y vertebral para concluir las posturas preparatorias con los encadenamientos y, seguidamente, se desarrolla la sesión de yoga propiamente dicha, que culminará con una meditación.

A su vez, la sesión de yoga se ha diseñado a partir de una serie de asanas básicas que se muestran en el orden habitual de realización, según el grupo al que pertenecen, y que ha ilustrado magistralmente Marisa Royo: estiramiento, flexión, rotación, extensión y fuerza, junto a otras posturas que sirven de transición o descanso, como la "Respiración completa" o *ŚAŚAṄKĀSANA*. Este orden postural permite que se vayan compensando las distintas asanas y que la sesión resulte equilibrada, algo que contribuye a armonizar el organismo favoreciendo tanto el funcionamiento de los órganos como el equilibrio energético. Además, dos de las posturas seleccionadas también trabajan el equilibrio para aprovechar los beneficios que proporciona a nivel físico y mental. Y, antes de la meditación, se ha preferido terminar la sesión con una asana de fuerza, en lugar de una asana invertida, con el fin de propiciar los efectos generales que persigue la práctica de esta sesión, que se desarrollan más ampliamente en el capítulo 4: "Hacia la voluntad y la determinación".

Cada una de las asanas, dibujadas con exactitud por Josema Carrasco, está resumida en una ficha donde se especifica su nombre y etimología, la posición de partida, la técnica o pasos a seguir para su ejecución

y sus beneficios. Toda esta información, que ha sido revisada minuciosamente gracias a la generosidad de Conchita Morera, se ha nutrido de la Formación para profesores de yoga que realicé en su escuela y de la bibliografía empleada a lo largo de estos estudios, especialmente de los libros del profesor Manuel Morata dedicados al yoga. También, en alguna de estas fichas, se incluyen observaciones complementarias que permiten desarrollar mejor la postura.

Además, tal y como se adelantaba, las sesiones yoga se diseñan para lograr unos objetivos determinados dependiendo de las asanas que se trabajan. En este caso, se ha buscado fomentar la voluntad y la determinación para favorecer la autonomía en el yoga, asunto al que dediqué mi trabajo de fin de estudios: "Cómo convertir a un discípulo de yoga en su propio maestro (autonomía en el yoga)", que me proporcionó el título de Profesora de yoga por la AEPY. La tesis que defendí fue que solo la autonomía en el yoga conduce al conocimiento profundo de esta disciplina, siempre que la práctica esté supervisada por un buen maestro que nos guíe en el proceso de aprendizaje. Gracias a esta investigación pude constatar que el grado de autonomía alcanzado por cada practicante depende de numerosos factores, como la disponibilidad de tiempo de ocio, la condición física, la formación académica, la confianza en el maestro y en uno mismo, la voluntad de cada individuo o la identificación de la práctica constante del yoga como fuente de beneficios. A partir de este enorme armazón, ha surgido la poesía hecha palabra e imagen. Cada postura tiene asociados dos poemas, maravillosamente ilustrados con un minicómic del genial Josema Carrasco, que se unen en el yugo del verso (cuerpo-mente, inspiración-espiración, maestro-discículo...) y beben de sus efectos físicos y sutiles, de su etimología y simbología. Para su gestación ha sido fundamental, también, la luz vertida en la conferencia de Conchita Morera *Espiritualidad en el asana. El significado más sutil de los diferentes grupos posturales*, impartida en los seminarios de verano que tienen lugar en el Instituto de Formación Agroambiental de Jaca. El resultado ha dado un conjunto de micropoemas inspirados en la naturaleza: treinta y dos, como el número de dientes de un humano adulto, como las piezas en el ajedrez, como los caminos de sabiduría en la cábala, como las características físicas de Buda según el *Canon Pali*, como las formas de Ganesha según el *Mudgala Purana* o como las sonatas para piano numeradas y completadas por Ludwig van Beethoven.

Gracias...

A los Yoguistanicos: Marta Torres, Elena Magán, Hoober Ponciano y Gonzalo Cantalejo por las risas, la ayuda mutua, la lucha contra la procrastinación, los huevos rosas, el cojín mágico, "los niñicos" y muchas más anécdotas divertidas que nos ocurrieron durante los años de formación como profesores de yoga. Y a Alizia, Teresa y tantos otros compañeros que nunca olvidaré.

A mi primera alumna, María Casorrán, mujer poderosa que se entusiasmó con esta filosofía de vida, a su mirada clarividente, que ha dejado su huella en este poemario, y al pueblo de Paternoy, que nos ve hacer yoga en verano como ritual preparatorio del curso escolar.

A mi primer alumno, Alfredo Sánchez, por compartir tantas aficiones. Entre ellas, el yoga.

A mi maestro Javier Benito, "Superjavier", por las maravillosas clases de yoga impartidas en Sabiñánigo.

Al gran Patrick Tomatis, por los enriquecedores seminarios que he disfrutado en Zaragoza y Venecia.

A mis grupos de yoga: "Urbanyoga" (o yoga en familia), "Septiembres" (o yoga entre amigos) y "Meetyoga" (o yoga para profesores de Enseñanza Secundaria), que me ayudaron a afrontar el confinamiento y a realizar mi trabajo de fin de estudios.

A mis queridos estudiantes de Educación Secundaria, mi escuela de humildad y perfeccionamiento.

ATHA YOGĀNUŚĀSANAM

(Aquí comienza la enseñanza del yoga que ejerce autoridad)

PATAÑJALI, YOGASŪTRA, LIBRO I o "SAMĀDHIPĀDA", sutra 1

1. RELAJACIÓN

Vamos a crear un estado de disponibilidad y de calma a nivel físico, mental y respiratorio que permita acceder al trabajo posterior dejando a un lado las tensiones provenientes del exterior.

ŚAVĀSANA
(Postura del cadáver)

- **ETIMOLOGÍA:** Postura del cadáver

- **POSICIÓN INICIAL:** Tumbada sobre la espalda, los brazos y las piernas ligeramente separados del cuerpo, los omoplatos bajos y hacia dentro, los hombros hacia atrás.

- **TÉCNICA:** Mantener la postura. Tomar conciencia de la respiración, que en yoga siempre se realiza por la nariz.

- **EFECTOS FÍSICOS:** Relajación corporal y mental.

- **EFECTOS SUTILES:** Energizante, desestresante y relajante.

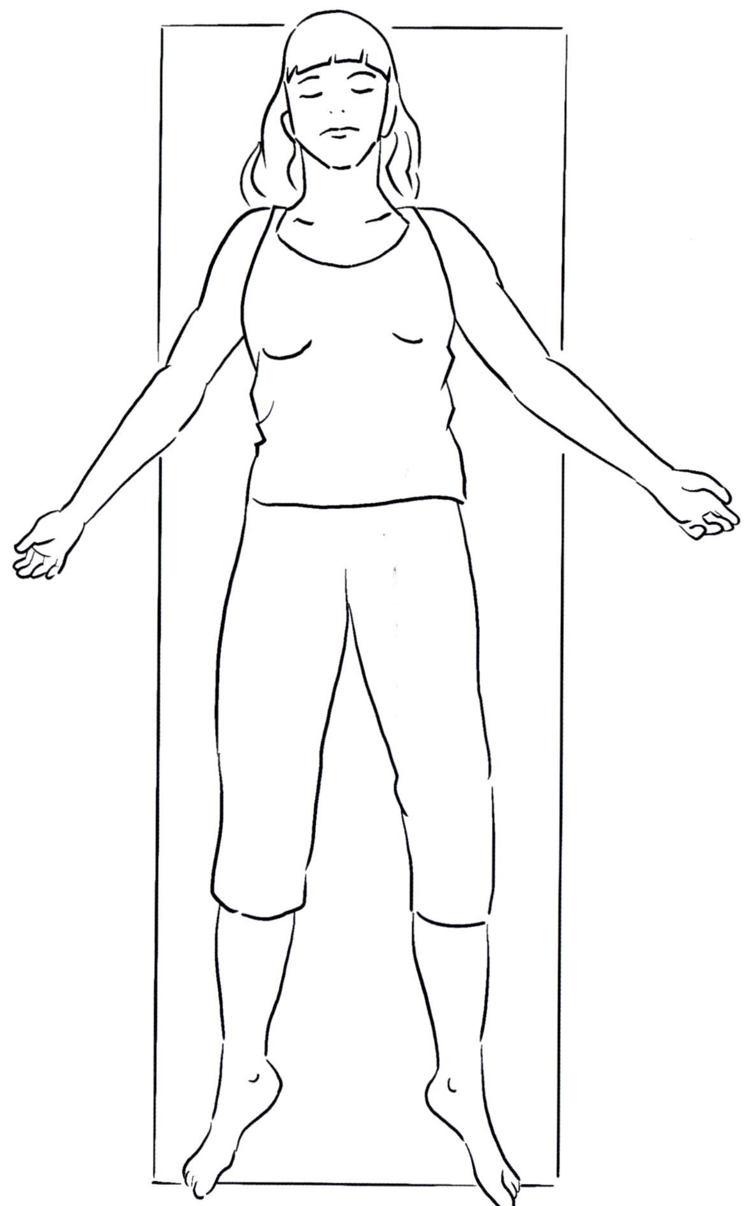

I.

En el suelo,
un cuerpo tendido bocarriba,
abandonado encima de la
espalda.

Los párpados cubren
el cadáver recortado
sobre las baldosas blancas
del piso.

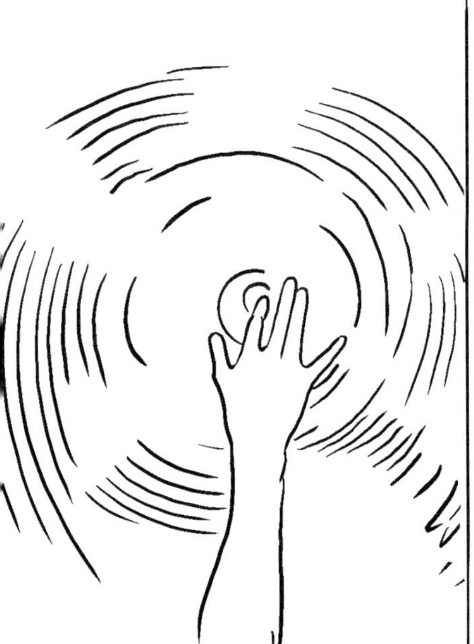

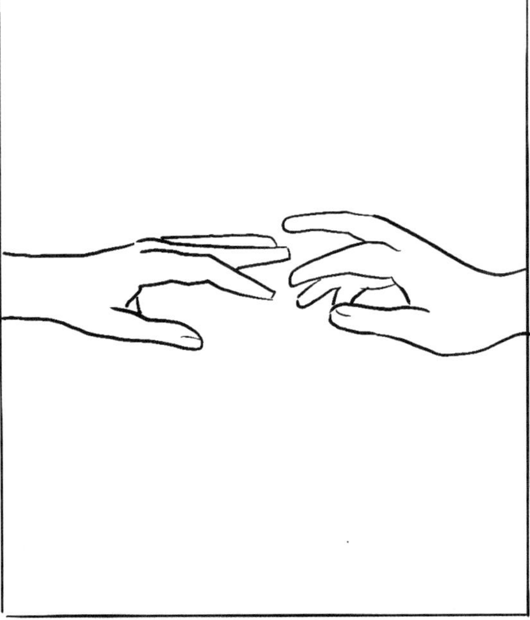

II.

Todo empieza
en la quietud,
en el no ser,
en ser un no
para ser uno,
y todos,
al mismo tiempo.

2. PREPARACIÓN PULMONAR-VERTEBRAL

La realización de estas asanas persigue aumentar la relajación a nivel corporal y mental.

POSTURAS PRELIMINARES

Antes de iniciar la preparación pulmonar-vertebral realizaremos dos posturas que ayudarán a preparar el cuerpo para realizar todo el trabajo posterior: *SUPTA GARBHĀSANA* y *ARDHA MERUDAṆḌĀSANA*.

SUPTA GARBHĀSANA
(Postura del feto bocarriba)

• **ETIMOLOGÍA:** *SUPTA* (bocarriba), *GARBHA* (feto), *ĀSANA* (postura). Se trata de una postura de recogimiento.

• **POSICIÓN INICIAL:** Tumbada sobre la espalda.

• **TÉCNICA:** Llevamos las rodillas hacia el pecho y las tomamos con las manos (o las rodeamos con los brazos), presionando en dirección hacia abajo y hacia delante. Respiramos cómodamente desde la zona abdominal para estirar las lumbares. La respiración ha de ser ligeramente natural y ligeramente amplia. Se ha de notar cómo el abdomen presiona los muslos con facilidad para dilatar y expandir la zona lumbar. Buscamos mantener la posición con la nuca estirada, el mentón hacia la garganta y los hombros hacia atrás. A cada espiración, suavemente, vamos a traer las rodillas hacia el pecho de manera que, al inspirar, aumente la presión del abdomen contra las piernas y, a su vez, se acrecienten la presión lumbar y la relajación. Lentamente, llevamos las plantas de los pies hacia el suelo deslizando los pies y las rodillas lateralmente.

• **EFECTOS FÍSICOS:** Elimina tensión en la columna vertebral y la alinea desde el sacro hasta la zona cervical. Ayuda a la liberación de gases intestinales. Relajación corporal y mental.

• **EFECTOS SUTILES:** Induce al recogimiento y a la relajación.

III.

Volver al vientre materno
sin nacer todavía.
Nadar.

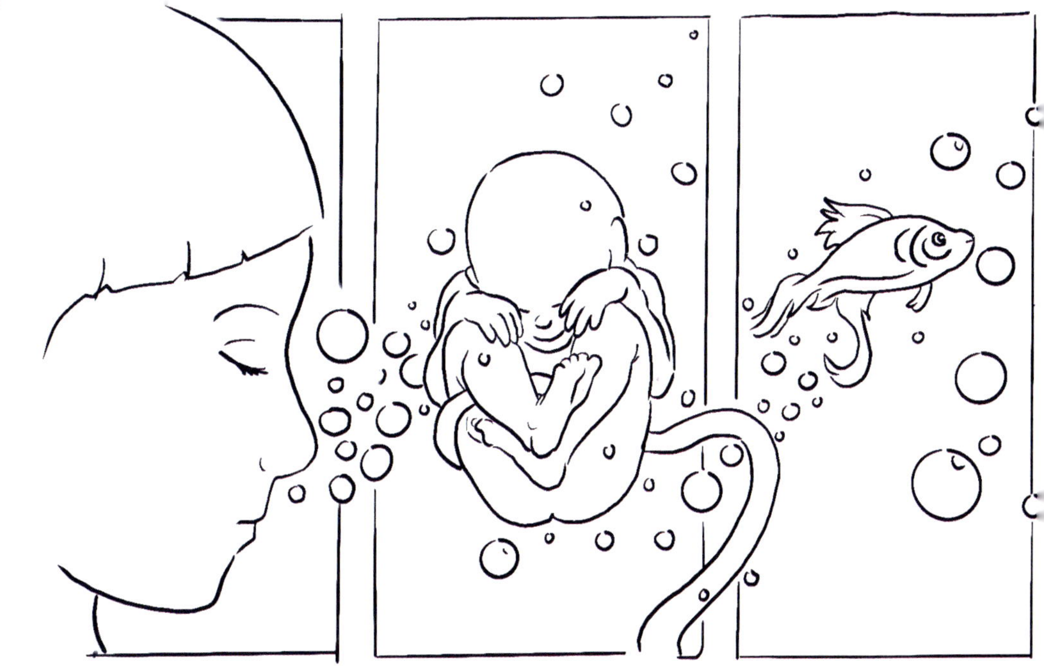

IV.

Cristal de escamas
jabonosas.

Brilla el pez
en la oscura
burbuja del agua.

ARDHA MERUDAṆḌĀSANA
(Media postura del bastón de Meru)

• **ETIMOLOGÍA:** *ARDHA* (mitad) *MERU* (montaña situada en el Himalaya, en la India, que simboliza la rectitud) *DAṆḌA* (bastón) *ĀSANA* (postura). Cuando la postura es completa, además de elevar la cabeza, las rodillas se llevan hacia la frente.

• **POSICIÓN INICIAL:** Tumbada sobre la espalda.

• **TÉCNICA:** Se toma la cabeza con las manos, con los antebrazos unidos. Con la todavía la nuca en el suelo, al espirar, se tira muy suavemente de la cabeza con los brazos (la nuca no realiza ninguna fuerza) para ir elevando, poco a poco, la zona cervical. Espiramos. Ejercemos una tracción suave sobre la nuca para seguir estirando. Mantenemos al inspirar. Aproximamos bien la zona lumbar al suelo y, en la siguiente espiración, volvemos a tensar un poco más la zona, sin forzar, de manera que la nuca llegue a estar lo más vertical posible. Poco a poco, vamos posando la nuca en el suelo para deshacer la postura. Relajamos.

• **EFECTOS FÍSICOS:** Libera la zona cervical de contracciones musculares y mejora el riego cerebral.

• **EFECTOS SUTILES:** Reduce el insomnio.

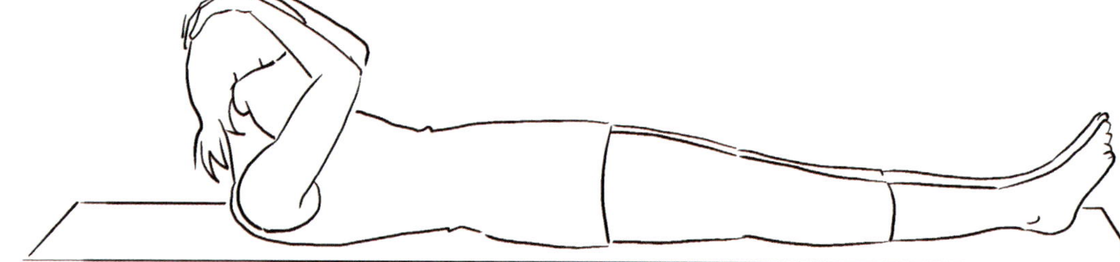

V.

En el lomo manso
de la montaña
el aire cabalga.

Duerme la piedra.

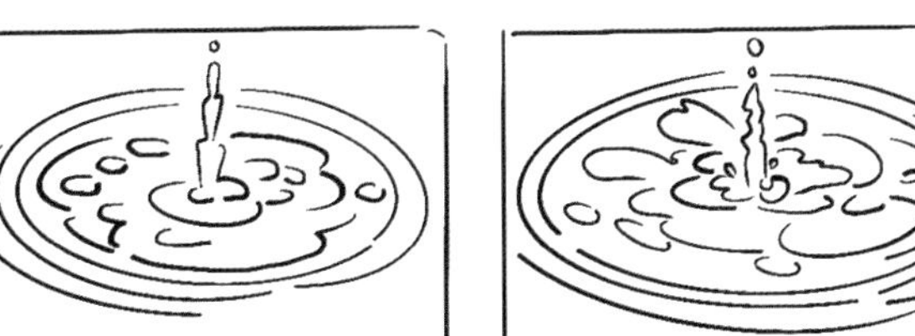

VI.

Penden algunas certezas húmedas
sobre la seca incertidumbre
de los vivos.

PREPARACIÓN RESPIRATORIA

Se realizan dos ejercicios preliminares básicos, *ŚŪNYA* y *BUDDHI MUDRĀ PRĀNĀYĀMA*, para afrontar la sesión con una cierta conciencia de disposición corporal al liberar determinadas tensiones. Creamos un estado general de abandono, de distensión, de disponibilidad hacia la sesión que vamos a realizar, un estado de vacío completo. Se trata de desinteresarse por todo contenido mental para dejar que la acción que haremos se manifieste en nosotros. Ese es el estado que vamos a tratar de ir consiguiendo durante la preparación.

Nos colocamos en la postura de *ŚAVĀSANA* (el cadáver). Sentimos cómo el cuerpo se mantiene en quietud, relajado. Aquietamos, también, la respiración, que fluye tranquila, de manera natural, sin intervenir en ella. Desde ese estado de relajación vamos a comenzar la sesión con la preparación respiratoria.

ŚŪNYA
(El vacío)

• **ETIMOLOGÍA:** *ŚŪNYA* (vacío). Alude tanto al vaciado pulmonar como al mental, a todo ese contenido del que debemos desidentificarnos para acceder al estado de yoga, a ese estado unificado (cuerpo-mente).

• **POSICIÓN INICIAL:** Tumbada sobre la espalda.

• **TÉCNICA:** Doblamos despacio las piernas apoyando las plantas de los pies en el suelo (estos no se acercan demasiado a la cadera para evitar que haya mucho apoyo de la zona de la espalda). Los pies empujan hacia abajo y hacia adelante. Instalamos la retroversión pélvica, apoyando la zona lumbar en el suelo y llevando el pubis hacia el ombligo. Y, elevando la cabeza, llevamos las manos a las rodillas, unidas por el dorso. Mantenemos la tensión para que toda la caja torácica se cierre lateralmente y se realice el vaciado pulmonar no solo de arriba a abajo, sino también de derecha a izquierda, buscando ir un poco más allá hasta que los codos se junten. Vamos espirando con lentitud, vaciando el aire muy despacio por la nariz, a fondo. Cuando tengamos la necesidad de inspirar, dejamos caer el cuerpo al suelo. Abrimos la boca y permitimos que entre con amplitud la inspiración. Después, abrimos las piernas lateralmente, unimos las plantas de los pies y los deslizamos hacia delante apoyando la zona lumbar en el suelo. Relajamos. Acogemos un suspiro o un bostezo.

• **EFECTOS FÍSICOS:** Oxigena el organismo, calma el sistema nervioso.

• **EFECTOS SUTILES:** Calma mental.

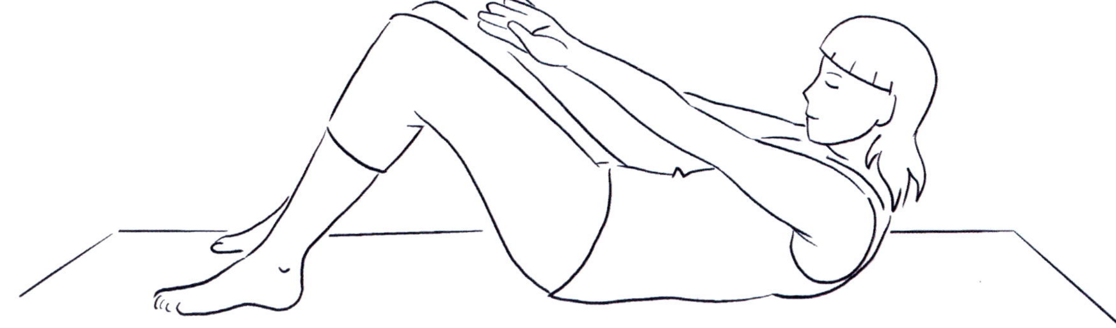

• **OBSERVACIONES:** Vamos a preparar las estructuras pulmonares físicas que intervienen en la respiración: la caja torácica (incluida la columna vertebral) y las articulaciones de hombros y de brazos. Como el volumen de aire residual en los pulmones es, aproximadamente, una quinta parte del volumen total, se debería hacer este ejercicio un mínimo de cinco veces para asegurarnos de que lo renovamos completamente.

VII.

La hierba crece
hacia afuera.

La ciudad se aleja
y un airecillo da dulzor
a las flores nuevas.

VIII.

Estiran las lágrimas
unas cuantas penas.

De los ojos brotan
flores y pájaros.

BUDDHI MUDRĀ PRĀNĀYĀMA
(Respiración del despertar)

• **ETIMOLOGÍA:** *BUDDHI* (inteligencia intuitiva, mente superior), *MUDRĀ* (gesto, actitud psíquica), *PRĀNĀYĀMA* (dominio, control, alargamiento, expansión -de la respiración, del prana o energía-). También se conoce como "respiración del despertar" porque se abre la parte alta del tórax, la zona de las clavículas, que se identifica con la inteligencia superior (la intuición).

• **POSICIÓN INICIAL:** Tumbada sobre la espalda.

• **TÉCNICA:** Inspirando, recogemos la rodilla derecha hacia el pecho. Apoyamos las manos en la rótula, con los dedos en dirección al pie. Los codos se flexionan y suben hacia la cabeza. Al final de la inspiración, empujamos con las manos en dirección al pie. La inspiración, muy sutil, va subiendo desde el abdomen, abriendo la caja torácica lateralmente. Los hombros se apoyan en el suelo y se abren al máximo con la inspiración. Los omóplatos se bajan hacia el suelo y hacia la pelvis, la nuca empuja el suelo, estirada. Espiramos el aire parcialmente. Afinamos la cintura manteniendo la postura. La caja torácica se eleva y se abre para que, a la siguiente inspiración, el aire pueda subir a la zona subclavicular. El abdomen no se eleva. Con la segunda inspiración, volvemos a empujar las rodillas con las manos para aumentar la elevación del esternón. Cuando vayamos a espirar por segunda vez, soltamos la pierna y relajamos. Se repite con la pierna izquierda.

• **EFECTOS FÍSICOS:** Alivia y previene afecciones de las vías respiratorias. Elonga la columna vertebral.

• **EFECTOS SUTILES:** Induce a estados superiores de la consciencia.

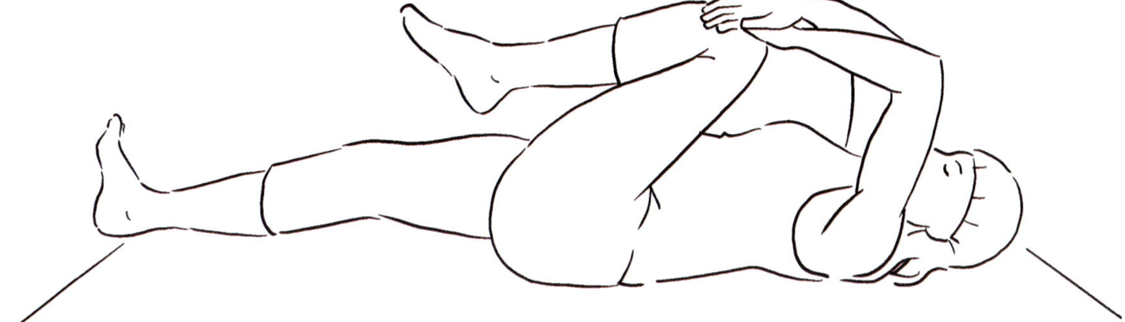

• **OBSERVACIONES:** Es muy importante desbloquear bien la respiración, que se ve afectada por las emociones, para aplicarla luego a la postura de una manera más relajada y amplia. Por ello, tras la realización de *ŚŪNYA*, vamos a liberar toda la parte alta de la caja torácica, la unión con el omóplato (hombro, clavícula…) para hacer que la zona alta del esternón y la parte superior de los pulmones se oxigenen y se amplíen al máximo.

IX.

Un tirabuzón de aire
me expande y me recoge.

El corazón
flota en el universo
como un planeta pequeño.

X.

Solo somos aire
que el universo
respira.

RESPIRACIÓN COMPLETA O YÓGUICA

• POSICIÓN INICIAL: Tumbada sobre la espalda.

• TÉCNICA: La respiración completa se divide, fundamentalmente, en tres fases: abdominal, costal y clavicular. Vamos a realizar, con lentitud, dos respiraciones completas con la ayuda de brazos, que se van deslizando en el suelo estirados, de abajo a arriba, a medida que avanza la inspiración. Notamos cómo empieza en la zona abdominal, donde se expresa de manera involuntaria, natural. En ella interviene el diafragma y el abdomen sube sin forzar la inspiración. Después, la parte baja de las costillas se va abriendo. Seguidamente, ensanchamos la parte media de la caja torácica, tomando consciencia de ello. Elevamos las clavículas hacia el mentón al final de la inspiración, subiendo el aire hasta la zona subclavicular y, con la nuca estirada, mantenemos el aire haciendo una breve pausa a pulmones llenos. Al espirar, los brazos pasan estirados por delante y el abdomen desciende mientras la caja torácica se mantiene alta. Las costillas flotantes se van cerrando y, poco a poco, también lo hacen las restantes, de abajo arriba. Tras la espiración, se realiza una breve retención a pulmones vacíos.

• EFECTOS FÍSICOS: Relajación a nivel muscular y mental.

• EFECTOS SUTILES: Se cree que, en la parte interna de la nariz, hay unas células encargadas de absorber el prana (o aliento vital) que está en el aire. Para que nuestro cuerpo pueda captarlo bien se recomienda que la respiración completa sea muy lenta y consciente y que nos concentremos en la parte interna de la nariz, sintiendo cómo entra el aire. Asimismo, se relaciona con las emociones, siendo la parte más sutil del yoga, por lo que es muy importante aprender a controlarla. Además, el *GĀYATRĪ MANTRA*, una de las oraciones más reverenciadas del hinduismo, define el yoga según los tres planos de la creación: la tierra *(BHŪR)*, el espacio intermedio o atmósfera *(BHUVAḤ)* y el cielo *(SVAḤ)*. La tierra la identifica con el cuerpo, el cielo con la mente y el espacio intermedio con la respiración. De esta forma, si manejamos bien la respiración, podemos conectar un mundo con otro: cuerpo y mente se unen mediante la respiración, controlada de forma consciente. Por ello, ninguna respiración se debe escapar a la consciencia mientras practicamos yoga.

• OBSERVACIONES: Persigue dar una mayor amplitud a la respiración. Se puede acompañar con la técnica *UJJAYI*, sonido suave de la glotis que se produce al cerrarla parcialmente, y del movimiento de los brazos para ayudar al aire a desplazarse. Sirve para recuperarnos de un esfuerzo: Sentimos cómo el cuerpo abandona todas las tensiones y se dispone para el ejercicio. La expulsión del aire, tanto en la inspiración como en la espiración, se realiza de abajo arriba.

XI.

De seda
el aleteo acaricia.
Vértigo mudo.

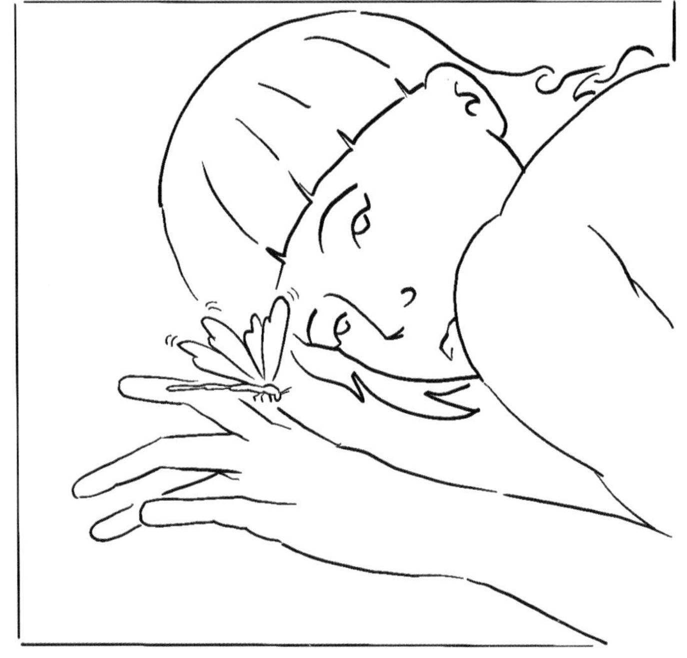

XII.

Rueda el aire
en la hélice
blanda del suspiro.

PREPARACIÓN DE LA COLUMNA VERTEBRAL COMPLETA

A continuación realizaremos algunas asanas para preparar las estructuras vertebrales y movilizar la espina dorsal, que nos ayudarán a mantenerla erguida y flexible, acompasando estas posturas con la respiración.

SERIE DE NAMASKAR (El saludo)

• **ETIMOLOGÍA:** *NAMASKAR* (Saludo).

• **POSICIÓN INICIAL:** Tumbado sobre la espalda, piernas unidas y brazos cerca del cuerpo.

• **TÉCNICA:** Lanzando los brazos hacia atrás, nos sentamos manteniéndolos estirados hacia arriba. Respiramos profundamente, elongando la columna vertebral. Colocamos los puños detrás de la cabeza, evitando que los hombros se vayan hacia adelante. Buscamos el empuje constante de la nuca hacia atrás a medida que el tronco va proyectándose hacia delante. Regulamos la respiración y mantenemos la posición notando cómo, al inspirar, todo se eleva y aprovechamos para relajar cualquier tensión. La respiración debe ser amplia. Observamos que la inspiración empieza en la zona abdominal de manera natural. Después, conscientemente, separamos las costillas bajas, a los lados, la caja torácica se abre lateralmente y notamos que avanzamos en la postura. Al espirar, liberamos cualquier tensión que tengamos en el cuerpo. Realizamos la última inspiración y tomamos la cabeza con las manos, con los antebrazos unidos. Sin tirar de la cabeza, apoyamos la zona lumbar en el suelo, haciendo que los músculos abdominales trabajen. Es muy importante retrovertir la pelvis a la vez que se va apoyando la espalda en el suelo. Vamos estirando y bajando toda la columna, vértebra a vértebra y, al final, tiramos suavemente de la cabeza para alargar la nuca, sin soltarla de golpe. Relajamos, soltamos. Tomamos consciencia de la relajación de toda la espalda. Permitimos que la respiración se amplíe. Recuperamos la respiración y dejamos venir el suspiro o el bostezo.

Volvemos a lanzar los brazos para sentarnos y colocamos los puños detrás de la cabeza. Al inspirar, giramos la zona del tronco hacia la derecha. El pecho va a buscar la pared que tenemos a la derecha y, la cabeza, la pared que tenemos detrás. Mantenemos la posición estable, confortable, abriendo el costado izquierdo, contrario al del giro. A la siguiente inspiración, volvemos al frente alargando la columna, tomamos la cabeza con las manos y vamos apoyando la espalda en el suelo. Repetimos con el lado izquierdo.

En la última repetición de esta serie, una vez sentados, los brazos se dejan estirados hacia arriba, con las manos relajadas y, al final de inspiración, se extienden las piernas, apretando bien la cintura para no perder la inclinación. Acogemos un suspiro o un bostezo. Una vez terminada la serie, se aconseja realizar dos respiraciones completas, con conciencia de toda su amplitud y profundidad.

• **EFECTOS FÍSICOS:** Flexibiliza la columna vertebral y estimula el sistema nervioso. Tonifica los músculos abdominales.

• **EFECTOS SUTILES:** Estimula las energías.

• **OBSERVACIONES:** El ejercicio pretende preparar el eje vertebral invirtiendo las curvas de la columna para liberar tensiones musculares: la zona dorsal, que es cifótica (sale hacia afuera) la coloca de manera lordótica (hacia adentro) y la zona lordótica lumbar, que siempre está contraída hacia adentro, la coloca de forma cifótica.

XIII.

Donde el asfalto es aún hierba,
asciendo el día.
La tierra se abre en pétalos
y me roba el nombre.

Todo es suyo.
Río, arbusto, pie,
ala, piedra, luz
ya son lo mismo.

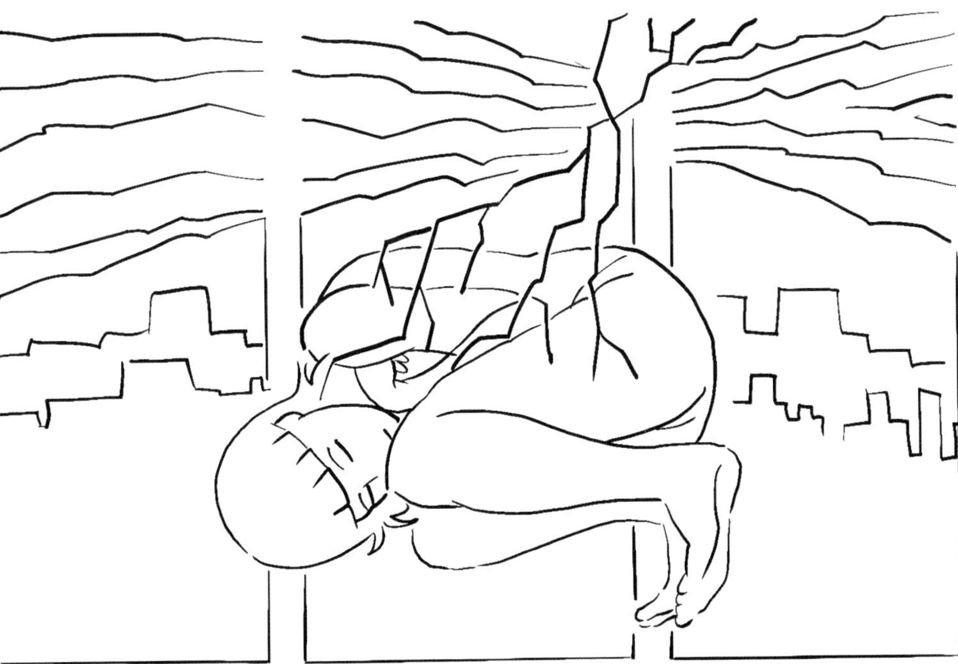

XIV.

En la espiral del sueño
duerme el relámpago.

JĀTHARA PARIVṚTAKĀRAṆA
(El cruzado)

• **ETIMOLOGÍA:** *JĀTHARA* (estómago o vientre), *PARIVṚTA* (rotación), *KĀRAṆA* (acción dinámica). También se conoce como "el cruzado".

• **POSICIÓN INICIAL:** Tumbada sobre la espalda.

• **TÉCNICA:** Colocamos los brazos en cruz. Llevamos las piernas relajadas, semiflexionadas, a la vertical, los pies separados, las piernas colgando, en el aire, como si no hubiera ninguna tensión, donde todo está suelto y, al inspirar, elevamos la cabeza para colocar la mejilla izquierda en el suelo. Apoyamos las yemas de los dedos de la mano derecha, levantando el codo y el hombro derecho para girar hacia la izquierda, elevando también, la parte alta de la espalda. Mantenemos. Dejamos caer las piernas a la derecha. Cuando los pies lleguen al suelo, relajamos todo.
Para volver, cuando vayamos a inspirar, empujamos primero con los dedos de la mano derecha para levantar el hombro y el codo y llevar la cabeza completamente a la izquierda. La nariz va a buscar el suelo para llevar las piernas a la vertical. La intención no es la de levantar las piernas, sino la de girar el tronco hacia la izquierda. La cabeza gira, también, hasta mirar el techo. Descansamos y, a la siguiente inspiración, cambiamos de lado. Seguimos trabajando la rotación una vez más a cada lado.

• **EFECTOS FÍSICOS:** Flexibiliza y estira la columna vertebral. Masajea los órganos abdominales. Tonifica el sistema nervioso.

• **EFECTOS SUTILES:** Ayuda en la toma de decisiones. Equilibra las energías vitales y mentales.

• **OBSERVACIONES:** Esta rotación, previa a la Salutación al sol, es un ejercicio exigente a nivel de fuerza. Sirve para desbloquear la columna vertebral, trabajando sobre la musculatura rotadora de la columna. Los músculos de la cintura no se activan, sino que son el torso, el pecho y la zona dorsal los que realizan el trabajo.

XV.

Verde columpio
de árbol.

Se dobla la hoja
herida de otoño.

XVI.

Ondean las hojas
de los árboles.

Plegarias de paz,
al viento.

3. ENCADENAMIENTOS

Antes de realizar la sesión de yoga propiamente dicha, terminaremos el trabajo preliminar con algunos encadenamientos, como *SŪRYANAMASKAR*

SŪRYANAMASKAR *(La salutación al sol)*

- **ETIMOLOGÍA:** *SŪRYA* (Sol), *NAMASKAR* (saludo). También se conoce como prosternación o postración al Sol.

- **POSICIÓN INICIAL:** De pie.

- **TÉCNICA:** *TĀDĀSANA*: Colocamos los pies juntos, en la postura de rectitud o excelencia. Esta rectitud se instala ya desde la firmeza de los pies, que empujan el suelo, y la retroversión pélvica (llevamos el pubis hacia el ombligo). La parte alta de la cadera empuja atrás, para que la zona lumbar se estire y la caja torácica se mantenga en expansión, pero no levantada. Los brazos se encuentran en rotación externa. Mantenemos la rectitud observando la respiración.

VACIADO PULMONAR Y PSÍQUICO: Espirando, lentamente, unimos los dorsos de las manos encima de las nalgas, con los brazos estirados, que empujan de atrás hacia adelante, cerrando todo el cuerpo. La cabeza baja, al final, para terminar de expulsar el aire. **MEDIA RUEDA:** Inspirando, los brazos suben por delante, la cadera también se desplaza hacia delante con la retroversión pélvica instalada y el mentón se lleva a la garganta. Nos estiramos bien en la extensión, abriendo el pecho. **PINZA DE PIE:** En retención, flexionamos el cuerpo con la espalda recta para espirar abajo. Apoyamos las manos a cada lado de los pies, doblando las rodillas si es necesario para que el pecho toque los muslos sin bombear la espalda. Las manos empujan hacia abajo y hacia atrás. **MEDIA COBRA:** Deslizamos el pie derecho hacia atrás, colocando los dedos del pie hacia adentro y, retirando las manos del suelo, elevamos el tronco con la inspiración, abriendo bien el tórax. El abdomen se encuentra retraído y la caja torácica, en expansión. **PLANO INCLINADO:** En retención, las manos se colocan a cada lado del pie derecho y el pie izquierdo también se lleva atrás. El cuello sujeta bien la cabeza para que no caiga. **ELEVACIÓN DEL POSTERIOR** *(ADHOMUKHĀSANA)*. **PROSTERNACIÓN:** Espirando, llevamos al suelo codos, frente, pecho, rodillas y pasamos hacia adelante inspirando. **PEQUEÑA COBRA:** Inspirando, elevamos la caja torácica para hacer una extensión con ayuda de los brazos, que empujan en el suelo, hacia abajo y hacia atrás. **ELEVACIÓN DEL POSTERIOR** *(ADHOMUKHĀSANA)*, en retención. **MEDIA COBRA:** Lanzamiento muy dinámico y pie izquierdo delante. Extensión. **PINZA DE PIE:** Manos a cada lado del pie izquierdo. Espirando, deslizamos el pie derecho hacia delante y cerramos el cuerpo en la pinza. Inspirando, subimos elevando los brazos por delante para hacer el otro lado. Terminamos de pie. Separamos un poco los pies y dejamos que la respiración se recupere. Mantenemos la interiorización.

- **EFECTOS FÍSICOS:** Flexibiliza la columna vertebral y las articulaciones. Revitaliza el sistema nervioso. Mejora la digestión y la evacuación. Normaliza la función renal. Activa la circulación sanguínea.

- **EFECTOS SUTILES:** Aumenta las facultades cerebrales, agudiza la memoria.

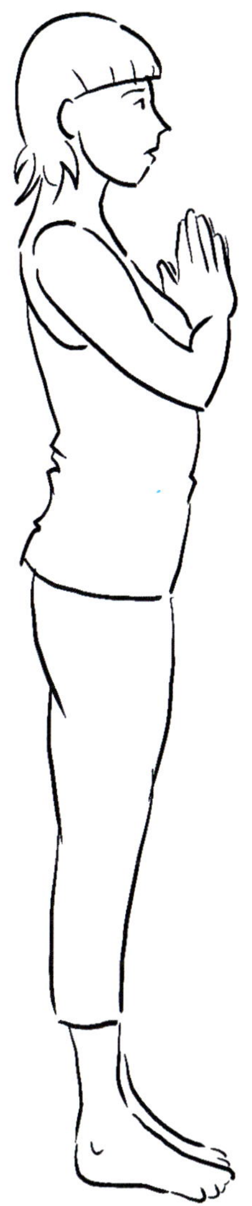

• **OBSERVACIONES:** La intención que se persigue con este encadenamiento es terminar de preparar el cuerpo para realizar las posturas de la sesión. Su simbología se relaciona con el reconocimiento de la superioridad del Sol, que nos alimenta con su energía, por lo que su práctica contribuye a desarrollar la humildad. Esta se trabaja, fundamentalmente, en la prosternación o *ASHTANGA*, que hace referencia a los ocho miembros o etapas que llevan a la unión o liberación y que se corresponden con los ocho puntos de apoyo que en ella se emplean: dos manos, dos pies, dos rodillas, el pecho y la frente. Se recomienda realizar *SŪRYANAMASKAR* al amanecer, mirando al este. Además, antes de llevar a cabo el encadenamiento, conviene relajar bien el cuerpo y realizar dos respiraciones completas con ayuda de los brazos, notando bien la inspiración, la retención y la espiración.

XVII.

Un blanco sudario
arropa de nuevos trinos
al invierno.

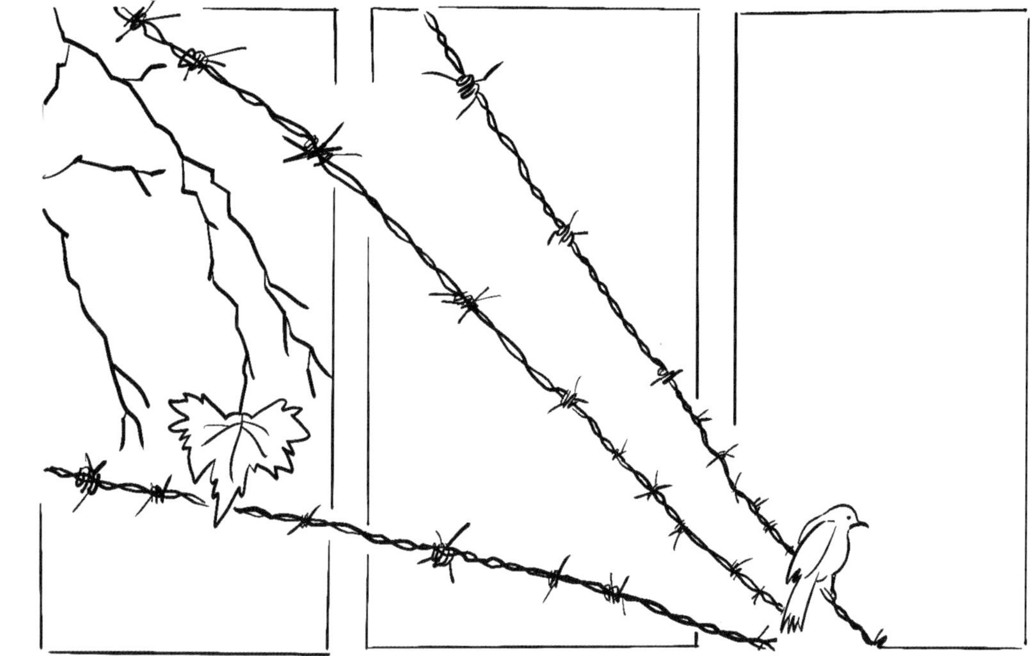

XVIII.

Mientras haya Sol
nos erguiremos
por besarlo.

4. SESIÓN DE YOGA: "HACIA LA VOLUNTAD Y LA DETERMINACIÓN"

Cada vez son más las personas que manifiestan tener dificultades a la hora de ser disciplinadas o de tomar decisiones que pueden ser cruciales en su vida. Esto provoca que vean truncados muchos de los objetivos que se plantean para lograr sus sueños profesionales (como seguir una formación académica) o para mejorar su vida cotidiana (como practicar yoga de forma habitual) al carecer de la suficiente voluntad o determinación, problemas que suelen estar asociados a una falta de claridad mental que impide ser perseverante y discernir qué es lo más conveniente en cada momento. Cuando las expectativas no se cumplen, aparece la frustración, que puede ir acompañada de bloqueos musculares con dolores asociados, especialmente en la columna vertebral, debido a la rigidez corporal generada por sus contradicciones internas. Es como si estas personas no se pudieran mover mentalmente ni físicamente, como si estuvieran paralizadas. Por ello, en la sesión se han seleccionado asanas que mejoran la movilidad, la flexibilidad y la tonicidad de la columna vertebral. Asimismo, las posturas elegidas buscan desarrollar la concentración, evitando que la mente se disperse, además de estimular y equilibrar la energía, para que fluya a partir de equilibrios y estiramientos específicos que proporcionarán un buen riego cerebral y facial. La postura de fuerza final, el plano inclinado, que desarrolla la determinación de manera muy potente, y la meditación posterior contribuirán a que estos efectos físicos y sutiles se asienten bien.

La sesión está pensada para personas de mediana edad, familiarizadas con la práctica del yoga, que se encuentran en buena forma física, aunque se puede adaptar a todos los niveles o, simplemente, disfrutar de los poemas y las ilustraciones mientras se visualizan mentalmente las asanas.

Estiramiento

UTTHITA TĀDĀSANA
(Postura de la palmera en elevación)

• **ETIMOLOGÍA:** *UTTHITA* (elevado), *TĀDA* (palmera), *ĀSANA* (postura).

• **POSICIÓN INICIAL:** De pie.

• **TÉCNICA:** Realizamos la retroversión pélvica, que mantendremos hasta que terminemos la postura, y colocamos los pies juntos para hacer el equilibrio. La parte alta de la cadera empuja hacia atrás, el pubis se proyecta hacia el ombligo, abrimos bien el tórax, mantenemos la posición y, al inspirar, elevamos los brazos lateralmente a la vertical para entrelazar las manos detrás de la cabeza. Nos mantenemos ahí, presionando con los pies el suelo. La respiración sucede tranquila, sin tensión. Dejamos que la inspiración amplíe la caja torácica, que toda la zona de los omóplatos note cómo se abre al inspirar. Al final de la inspiración, el mentón se lleva hacia la garganta. La nuca empuja las manos. Cuando, de nuevo, vayamos a inspirar, fijamos la mirada en un punto, lo que nos permitirá mejorar el equilibrio, y nos elevamos sobre la base de los dedos de los pies sin perder la retroversión pélvica. Mantenemos la postura respirando, lentamente, varias veces y, tras la última inspiración, aumentamos la retroversión para apoyar, despacio, los talones. Espirando, bajamos los brazos y separamos los pies. Buscamos ahora la interiorización, observando las sensaciones que nos deja la postura que acabamos de hacer.

• **EFECTOS FÍSICOS:** Tonifica la columna vertebral. Desarrolla la respiración costal y clavicular.

• **EFECTOS SUTILES:** La posición vertical se relaciona con la humanidad por la capacidad que tiene el ser humano de mantenerse erguido, algo que le permite conectar el cielo con la tierra y tomar conciencia de su naturaleza más sutil. La búsqueda la naturaleza esencial invita a la emancipación de comportamientos egocéntricos y de naturaleza animal. Esta renuncia al deseo debe ir acompañada de la humildad, la compasión, la dulzura, la firmeza, el discernimiento y la determinación.

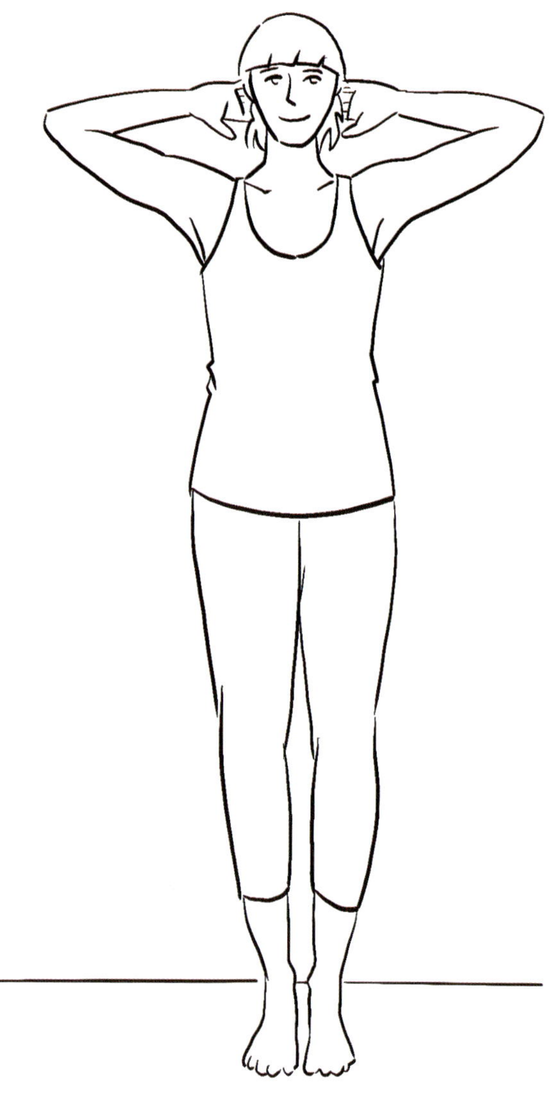

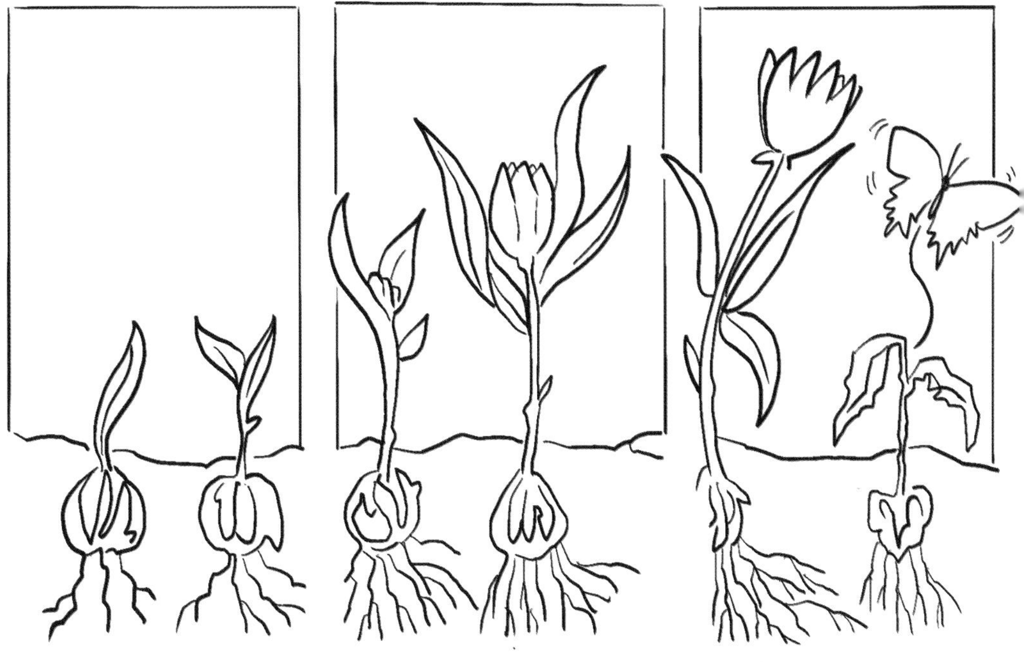

XIX.

Que se escapó
una semilla.
Eso pasó.

XX
.

Se eleva el árbol
desde la semilla.

Trenzan las caracolas
su cuna de algas.

Llegar a ser
desde la nada.

Todo
está en lo mínimo.

UTTHITA TRIKOṆĀSANA
(Postura del triángulo elevado)

• **ETIMOLOGÍA:** *UTTHITA* (elevación), *TRIKOṆA* (triángulo), *ĀSANA* (postura). Se considera que el triángulo está "elevado" porque la mano que tendría que hacer el tercer apoyo, en lugar de situarse en el suelo, se mantiene en la pantorrilla o en el tobillo, por lo que se trabaja el equilibrio.

• **POSICIÓN INICIAL:** De pie.

• **TÉCNICA:** Nos situamos en el tapiz. Separamos bien los pies. Colocamos la retroversión pélvica y la rectitud de la espalda. Inspirando, elevamos los brazos en cruz y, en retención, realizamos una flexión lateral a la derecha para llevar la mano derecha a la pantorrilla o al tobillo. Espiramos. Al inspirar, giramos la cabeza y observamos la mano que está arriba, notando que el peso del cuerpo descansa sobre los dos pies. Tratamos de no bombear el cuerpo, controlando la respiración, que fluye tranquila. Si hay resistencias, nos situamos mentalmente en la zona en tensión y las relajamos. El pecho se encuentra en expansión, el brazo estirado y la mano relajada. La caja torácica se abre por el costado derecho, que es el que está cerca de la pierna. Mantenemos la postura durante varias respiraciones pausadas. Espirando, bajamos el brazo por la derecha para deshacer la postura, dejamos caer el cuerpo hacia delante para relajarlo. Después, apoyamos las manos en la parte alta de los muslos y subimos lentamente. Descansamos hasta que la respiración se recupere. Repetimos hacia la izquierda.

• **EFECTOS FÍSICOS:** Flexibiliza la columna. Estimula el sistema nervioso. Tonifica los abdominales y mejora la digestión y la evacuación.

• **EFECTOS SUTILES:** Equilibrio energético.

XXI.

Las plantas de los pies
tienen raíces.

Beben leche
de tierra tibia.

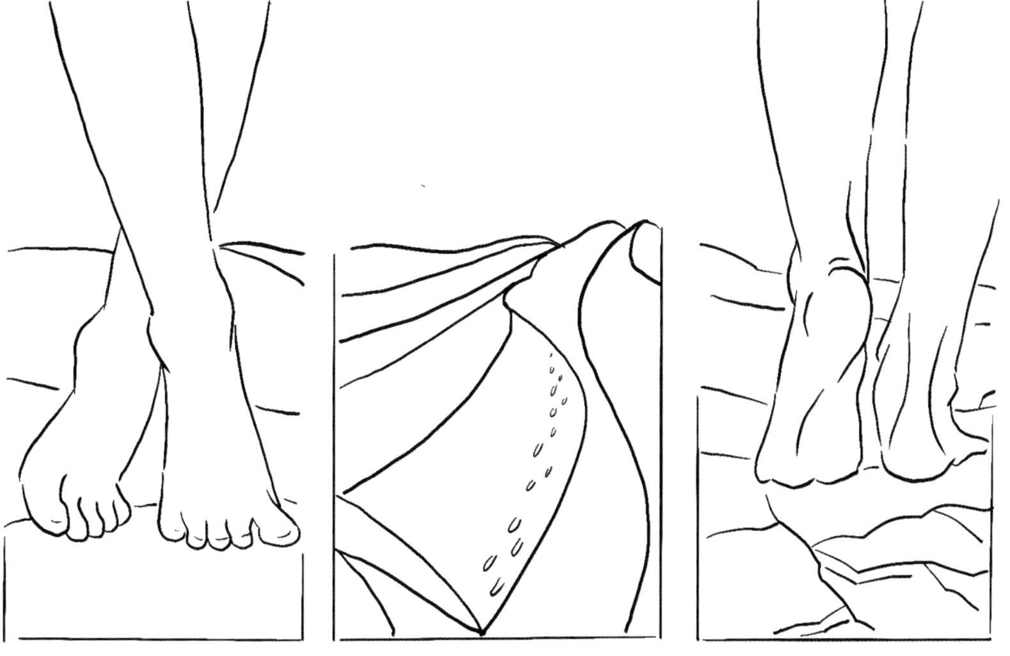

XXII.

En el mar terrestre
bucean las raíces
catalogando ancestros.

Flexión

ŚAŚAṄKĀSANA
(Postura de la liebre)

- **ETIMOLOGÍA:** *ŚAŚAṄKA* (liebre), *ĀSANA* (postura). También se conoce como *BALĀSANA* (postura del niño)..

- **OBSERVACIONES:** Es una postura de transición, una compensación que se realiza por un esfuerzo previo. Se recomienda practicar tras las asanas de extensión. Muscularmente no hay esfuerzo. Es una postura caracterizada por la pasividad.

- **POSICIÓN INICIAL:** De rodillas, sentada sobre los talones.

- **TÉCNICA:** Llevamos la frente al suelo y relajamos todo el cuerpo. Soltamos bien los hombros y la nuca. Dejamos que el peso del tronco sobre las piernas relaje toda la espalda. Respiramos varias veces con lentitud. Para finalizar, apoyamos las manos a los lados del cuerpo y llevamos el tronco a la vertical.

- **EFECTOS FÍSICOS:** Relaja la espalda, especialmente la zona lumbar.

- **EFECTOS SUTILES:** Calma la actividad emocional. Interioriza la mente.

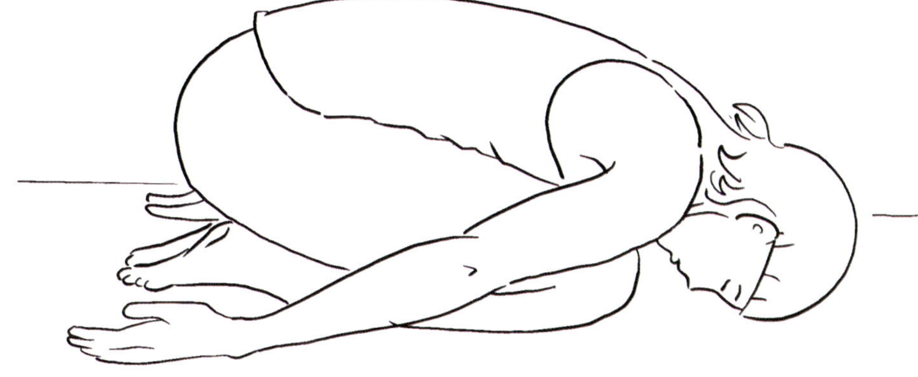

XXIII.

Perviven ecos de palabras
en las casas vacías
de las caracolas.

XXIV

La mayor parte
del paisaje terrestre
es submarino.

Rotación

UTTHITA JĀNU VAKRA ARDHA DHANURĀSANA
(Postura del medio arco elevado sobre la rodilla)

• **ETIMOLOGÍA:** *UTTITHA* (elevación), *JĀNU* (rodilla), *VAKRA* (rotación), *ARDHA* (medio), *DHANURA* (arco) *ĀSANA* (postura).

• **OBSERVACIONES:** En esta postura de rotación, hay que mover los hombros lo menos posible, mantener la cara y el pecho de frente. La cadera de la pierna que apoya en el suelo tiene que salir hacia su lado, evitando que nos haga girar. La base de apoyo tiene que ser sólida, creando un cuadrado imaginario.

• **POSICIÓN INICIAL:** Posición cuadrúpeda. Las manos no se alejan demasiado de las rodillas pero se separan bien para facilitar el equilibrio. Las rodillas se colocan cerca una de otra.

• **TÉCNICA:** Al inspirar, doblamos la pierna derecha llevando el talón hacia la nalga sin levantar la rodilla del suelo. A la siguiente inspiración, la rodilla se dobla y la mano izquierda toma el dorso del pie. Y, al inspirar, tiramos del pie hacia atrás y hacia arriba para elevar el arco. La nuca se coloca en retroceso, buscando la rotación sacrolumbar y que los dos hombros se mantengan a la misma altura. La respiración fluye tranquila. Para finalizar, la mano suelta el pie para venir al suelo y, después, se apoya la rodilla. Para relajar las tensiones acumuladas, antes y después de repetir con el otro lado, se puede practicar *ŚAŚAṄKĀSANA*, sentándonos sobre los talones y llevando la frente al suelo.

• **EFECTOS FÍSICOS:** Tonifica la musculatura vertebral. Afina la cintura.

• **EFECTOS SUTILES:** Potencia el libre albedrío, facilita la toma de decisiones según la propia voluntad. Desarrolla el equilibrio y la concentración.

XXV.

En todo árbol se aprecia, claramente,
el hueco de los pájaros
que han abandonado el nido.

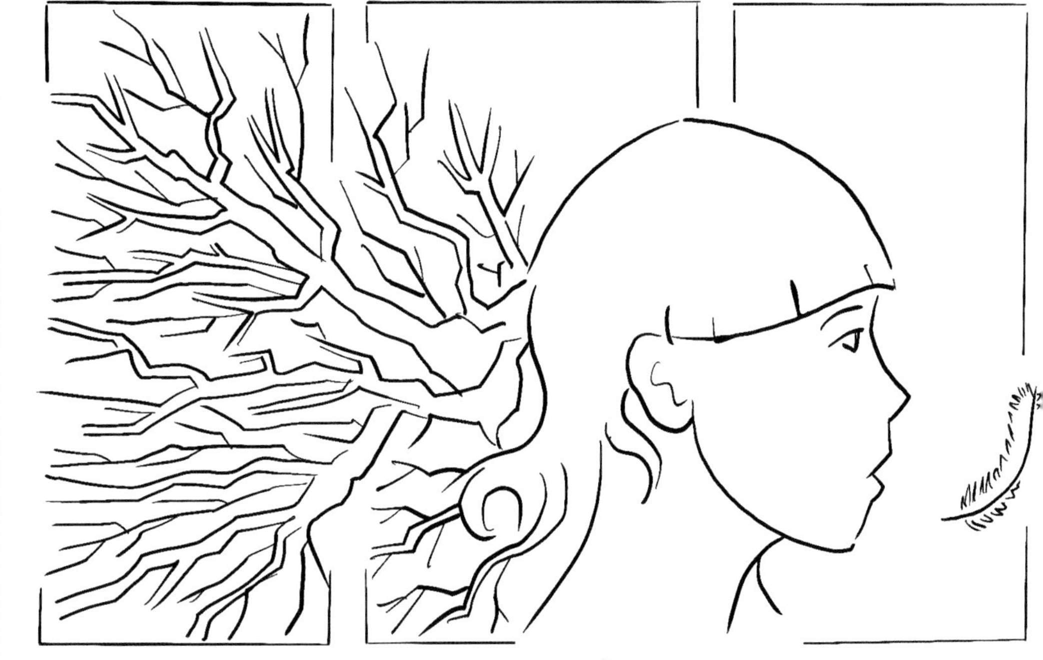

XXVI.

Hacia el siguiente capítulo
las hojas de un árbol caduco
pueden crecer.

Extensión

ADHOMUKHA ŚVANĀSANA
(Postura del perro con la cara hacia abajo)

• **ETIMOLOGÍA:** *ADHO* (hacia abajo), *MUKHA* (boca, cara), (*SVAN*: perro) *ÁSANA* (postura): Postura del perro con la boca hacia abajo. También conocida como "la marsopa" o "postura de la montaña".

• **OBSERVACIONES:** Esta extensión pasiva, que recuerda la forma en que se estiran los perros o los gatos, es una de las grandes posturas del yoga que implica un gran trabajo de la espalda. Por ello, se recomienda no apoyar los talones si los músculos isquiotibiales impiden que se aplane la zona cifótica, ya que debe estirarse la zona dorsal, entre los omóplatos, para que se desbloquee el nudo donde se forma la cifosis.

• **POSICIÓN INICIAL:** Posición cuadrúpeda, en la parte anterior del tapiz. Las manos quedan debajo de los hombros o un poco más atrás.

• **TÉCNICA:** Al inspirar, empujando el suelo con las manos y la rodilla izquierda, extendemos la pierna derecha con los dedos del pie hacia adentro. Empujamos el suelo con las dos manos y extendemos también la pierna izquierda con los dedos del pie hacia adentro. La nuca queda en retroceso, sujetando la cabeza con la fuerza del cuello para que no caiga. Al inspirar, empujamos con las manos intensamente para llevar el pecho hacia atrás y hacia el suelo y nos mantenemos ahí para realizar varias respiraciones lentas y profundas. Los codos quedan muy extendidos, el mentón se acerca a la garganta y el sacro tira hacia arriba. Para deshacer la postura, apoyamos las rodillas en el suelo, nos sentamos sobre los talones y llevamos la frente al suelo. Los codos se apoyan delante. Dejamos que los hombros se suelten

• **EFECTOS FÍSICOS:** Elimina la cifosis dorsal, flexibiliza los hombros, estira la parte posterior de las piernas, aumenta el riego cerebral y estimula las funciones medulares.

• **EFECTOS SUTILES:** Desarrolla la apertura del corazón, a una comprensión más profunda de las cosas, la percepción de una realidad llena de discernimiento. Permite que la energía fluya. Acceso a un plano superior de la conciencia.

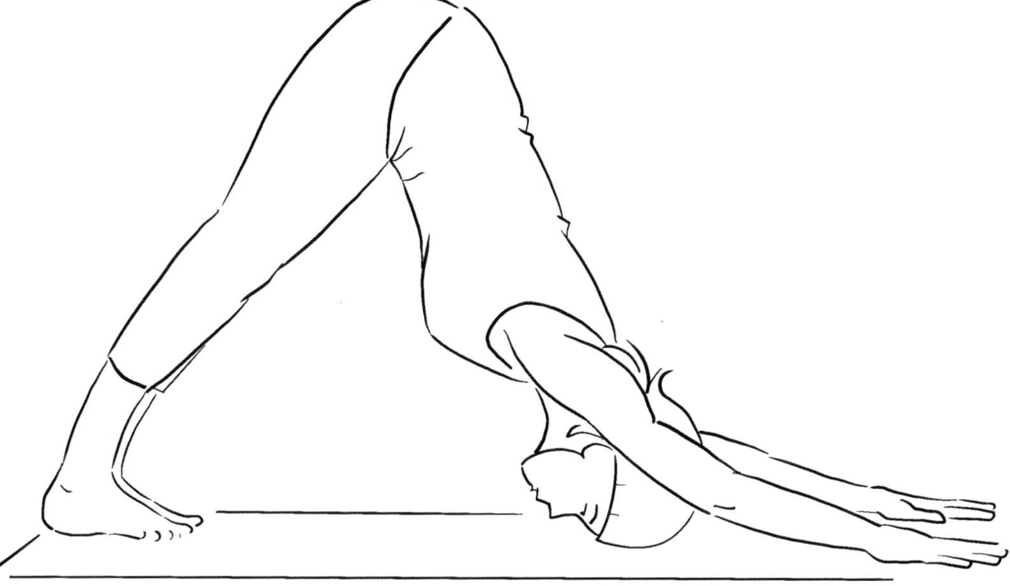

XXVII.

En el monte,
el último animal que se extinguió
fue el bucardo.

El primero,
la soledad.

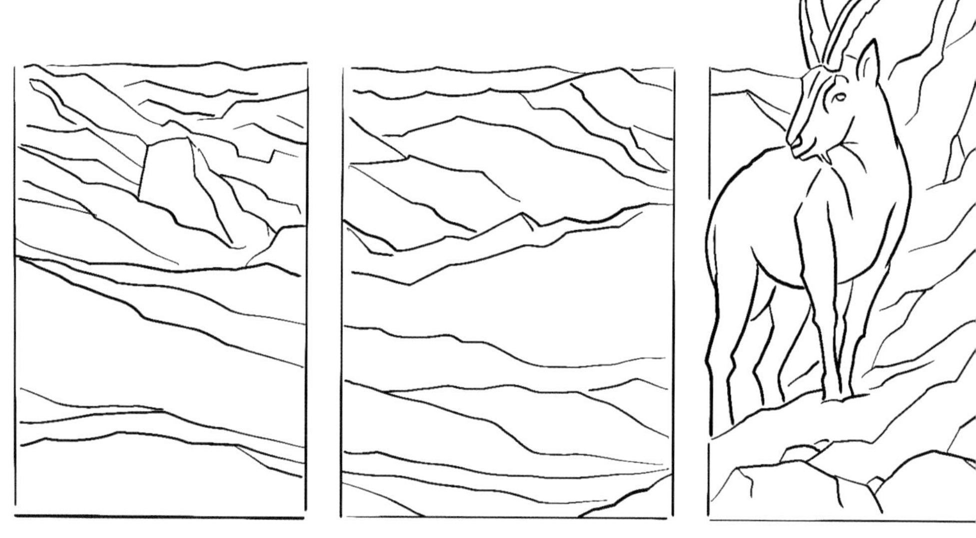

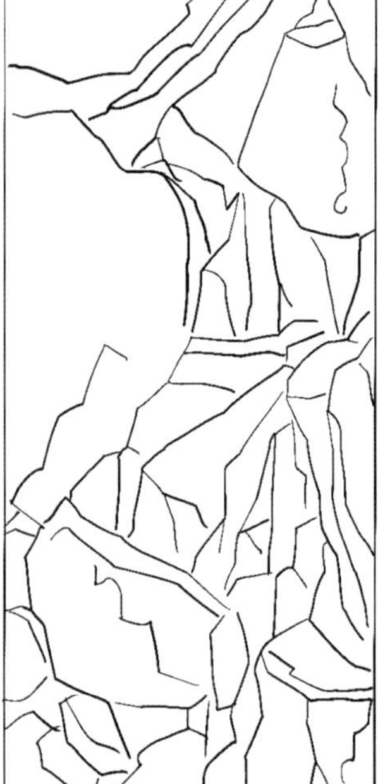

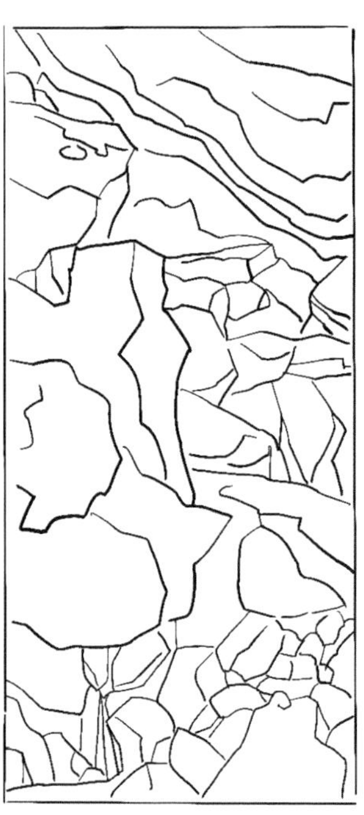

XXVIII.

Caparazón,
¿qué fue de tu corazón?

Fuerza

CATUŚPĀDĀSANA
(Plano inclinado)

• **ETIMOLOGÍA:** *CATUŚ* (cuatro), *PĀDA* (pies) *ĀSANA* (postura). También conocida como *UTTITHA PĀDĀSANA* (postura de los pies elevada), *ŪRDHVA CATURAṄGA DAṆḌĀSANA* (postura del bastón sobre los cuatro miembros elevada) o plano inclinado.

• **OBSERVACIONES:** Postura de fuerza (aunque también hay estiramiento). Hay que concentrarse en empujar el suelo con las manos y con los pies y sentir que mantenemos todo el cuerpo levantado porque todo él, a la vez, ayuda a que nos elevemos. La nuca se encuentra en retroceso.

• **POSICIÓN INICIAL:** Posición cuadrúpeda. Los dedos de las manos se abren para tener más estabilidad.

• **TÉCNICA:** Desde esa posición extendemos la pierna derecha, apoyando los dedos del pie hacia adentro. La cabeza permanece erguida. A continuación extendemos, de la misma forma, la pierna izquierda. Empujamos bien el suelo con las manos, tensamos los codos y abrimos el pecho. Mantenemos la posición respirando con tranquilidad. Los omóplatos permanecen sólidamente en la postura. Para deshacerla, al espirar, apoyamos las rodillas en el suelo, lentamente. Después de su realización, nos podemos relajar sentándonos sobre los talones, con la frente en el suelo, en la postura de *ŚAŚAṄKĀSANA*.

• **EFECTOS FÍSICOS:** Tonifica la musculatura de la espalda.

• **EFECTOS SUTILES:** Esta postura otorga un gran sentido de la determinación. Es ideal para trabajar la fuerza de voluntad (en general, todas las posturas de fuerza, pero esta especialmente). Se recomienda para personas que padecen depresión, pues el trabajo con las manos es beneficioso en este tipo de problemas de la salud.

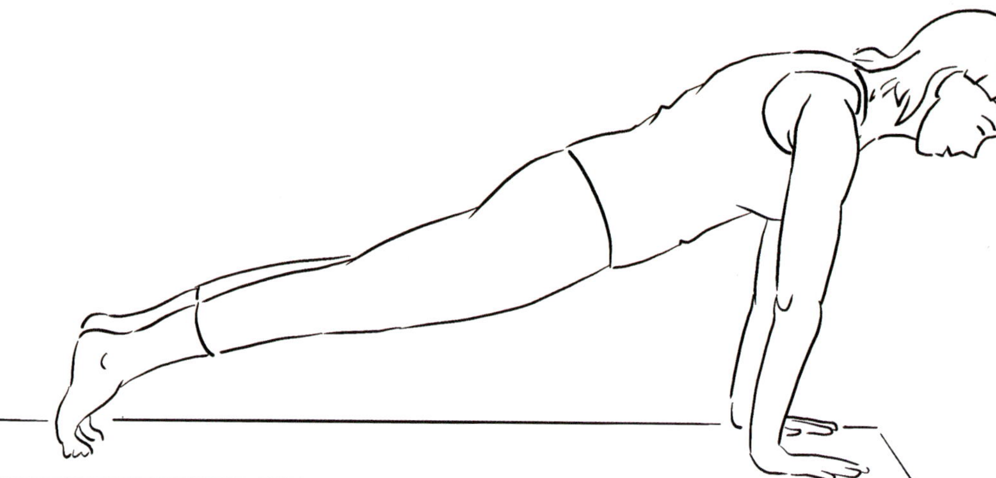

XXIX.

Ni siquiera el viento
sabe por qué se mueve.

XXX.

Los árboles tienen alas
aunque no pueden volar.

5. MEDITACIÓN

La meditación permitirá que percibamos todos los efectos del trabajo realizado en la sesión, en un estado aparentemente pasivo, donde nos limitaremos a "dejar hacer", disfrutando de las sensaciones físicas y psíquicas que hayamos logrado gracias a la práctica del yoga.

Nos instalamos cómodamente en la postura de meditación. Tratamos de sentir el cuerpo en inmovilidad total, notando esa sensación de pasividad y de quietud que aparece inmediatamente después del esfuerzo. Durante unos instantes, dejamos de hacer para dejar hacer. Pasamos, así, de la actividad de la sesión que hemos realizado a una actividad pasiva donde surgen los efectos del trabajo. Y todo ello ocurre desde una actitud de observación calmada desde la cual, progresivamente, vamos a retirar los sentidos del exterior para dirigirlos al interior que nos va llevando, poco a poco, al estado de *PRATYAHARA* o interiorización.

Despacio, situamos la consciencia en la zona del pecho, en el corazón. Sentimos ese espacio como un lugar silencioso que vamos a expandir y retraer al ritmo de la respiración. Notamos cómo, al inspirar, el espacio del corazón se expande y, al espirar, se retrae cada vez más hasta que, cuando inspiramos, se dilata hacia el infinito y, cuando espiramos, se reduce a un punto. Nos mantenemos conscientes durante varios minutos en esa sucesión de inspiración y espiración.

Dejando ese proceso de expansión y retracción, nos situamos en el centro del corazón y, al mismo tiempo, observamos la respiración natural, esa respiración involuntaria que se produce por sí sola, y desarrollamos la noción de que "no soy yo quien inspira y espira" sino que "hay algo que inspira y espira en mí".
Nos concentramos, ahora, en la zona del entrecejo y tomamos consciencia de la quietud del pensamiento, del silencio interior.

Desde ese estado de interiorización, vamos a volver a la consciencia respiratoria. Observamos la zona abdominal, notando el movimiento suave del abdomen al inspirar y al espirar y vamos ampliando esa respiración haciéndola consciente. Después, sentimos el cuerpo en contacto con el suelo y vamos desarrollando la consciencia del entorno, de todo lo que nos rodea para, muy lentamente, pasar al movimiento de los dedos de los pies, de las manos y, poco a poco, de todo el cuerpo. Nos estiramos bien antes de levantarnos.

XXXI.

Planean
ahí,
arriba.

Otro de esos aviones
sobrevuela
el silencio.

XXXII.

No hacemos posturas.

Las posturas
nos hacen.

La maestra de yoga
Estela Puyuelo

Se acabó de imprimir el 1 de diciembre de 2024
en los Talleres Editoriales Cometa, de Zaragoza,
cuidando el proceso técnico Albertina Lisbona.
Responsable de erratas, Tutivillus.
Encuadernado por Encuadernaciones Raga, S.A.

En esta edición se empleó papel Chromomat de 150 g/m² y cartulina Invercote Creato mate de 240 g/m².
Se utilizó la tipografía Futura, en los cuerpos 10, 11 y 12.

TÍTULOS DE LA COLECCIÓN

DEMIAN ORTIZ, *Perdidos. Un lugar para encontrar (90 Disparos fotográficos a la literatura española)*.

FRANK PALACIOS Y JOSEMA CARRASCO, *Lili y la corza. Basado en el relato «La corza blanca», de Gustavo Adolfo Bécquer*.

ÁNGEL GUINDA Y JOSEMA CARRASCO, *Espeutral. Cómic.*

ANTÓN CASTRO Y JOSEMA CARRASCO, *El paseo en bicicleta.*

ESTELA PUYUELO, *La maestra de yoga.*